1911 - Mars - 3

VENTE ◦ ◦ ◦ ◦

DU VENDREDI 3 MARS 1911

SALLE SILVESTRE ◦

EX-LIBRIS FRANÇAIS

Me ANDRÉ DESVOUGES, Commissaire-Priseur.

M. SAFFROY, Expert. ◦ ◦ ◦ ◦ ◦

LA ROCHE-SUR-YON
IMPRIMERIE
CENTRALE
DE L'OUEST

COLLECTION G. PONCET

EX-LIBRIS FRANÇAIS

LA VENTE AURA LIEU

LE VENDREDI 3 MARS 1911

à deux heures précises du soir

SALLE SILVESTRE, 28, rue des Bons-Enfants

Par le ministère de Me André DESVOUGES, Commissaire-Priseur

26, rue de la Grange-Batelière, 26

Assisté de M. H. SAFFROY, Expert

EXPOSITION

LES 27-28 FÉVRIER ET 1er MARS

à la Libraïrie SAFFROY FRÈRES, 73, Grande-Rue; Villa n° 23

au Pré Saint-Gervais (Seine)

et à la SALLE SILVESTRE, le Jeudi 2 Mars

CONDITIONS DE LA VENTE

La vente se fait expressément au comptant.

Les acquéreurs paieront 10 pour cent en sus des enchères.

L'expert chargé de la vente remplira les commissions des personnes qui ne pourraient y assister.

CATALOGUE

DE LA

COLLECTION D'EX-LIBRIS

FORMÉE PAR

M. G. PONCET

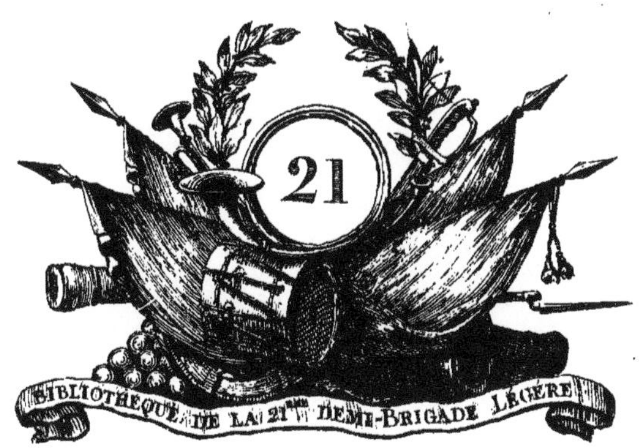

N° 171 du Catalogue.

PRÉ SAINT-GERVAIS
(Seine)
SAFFROY FRÈRES, Libraires
73, GRANDE RUE, 73

1911

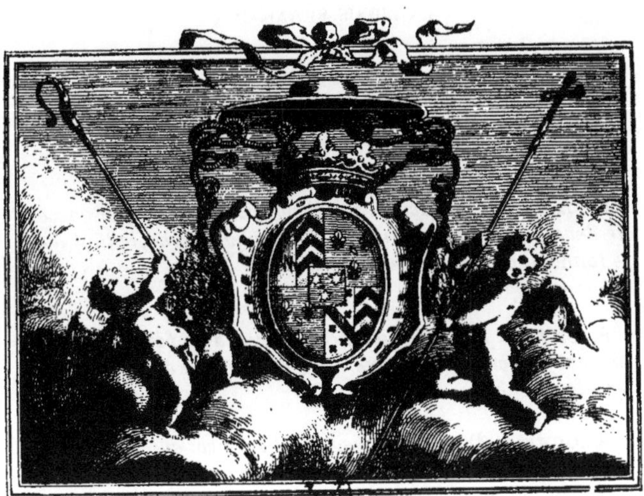

Mgr de Caylus, Evêque d'Auxerre

N° 80 du Catalogue

EX-LIBRIS FRANÇAIS

XVIe SIÈCLE

1. **Auger**. Regis Henrici III Christianissimi pium munus, attulit R. P. Emondus Augerius Lutetia pro Collegio Lugdunensi Societatis Jesu. 1587. Encadrement typographié.

2. [**Spiegel**] (Jacques), de Schlestadt en Alsace, gr. sur bois, colorié.

XVIIe SIÈCLE

3. [**Amelot de Chaillou**]. (Orléanais, Touraine, Bretagne). Gr. par *Roussel*, in-folio.

4. **Anonyme.** *De gueules au chevron, accompagné en chef de deux étoiles et en pointe d'un tonneau couché, le tout d'or: le tonneau cerclé et bondé de sable.*

Voir reproduction page 7.

5. **Anonyme.** *Ecartelé aux 1 et 4 d'azur à un faucon posé sur un tertre, acc. de 3 étoiles d'argent, aux 2 et 3 d'argent à l'aigle de sable.*

6. **Anonyme.** *D'azur au chevron d'or, acc. en chef de deux étoiles d'argent et en pointe d'une rose du second.* Supports : deux chiens, in-4.

7. **Anonyme.** *D'argent à un hibou, acc. de deux croissants, l'un en chef l'autre en pointe.* Devise : *Lauri plus quam auri.* Gr. par *Picart*, in-4.

8. **Anonyme.** *De gueules à 5 losanges d'argent accostées et posées en bande, acc. en chef d'un lambel du second.* Insignes épicospaux. Gr. par *Grégoire Huret* (de Lyon). petit in-fol. en largeur.

L'écu est tenu par une femme personnifiant le Royaume d'Irlande.

9. **Anonyme.** *D'azur à la fasce d'argent chargée de 3 étoiles, acc. de 6 croisettes, 3 en chef et 3 en pointe.*

10. **Anonyme.** *De gueules au château d'or, au chef d'or chargé de 3 vols de sable.* Gr. par *R. Lochon.*

11. **Baudrand** (M.-A.). (Bretagne et Dauphiné).

Voir reproduction page 8.

12. **Bigot** (Jean), de Rouen.

Voir reproduction page 9.

13. **Chifflet** (Philippe), abbé de Balerne.

Epreuve rognée et réparée.

14. **Delaplanche**, oratorien à Paris, 1664. Gravé sur bois et colorié.

Epreuve collée sur un feuillet de garde où l'on voit la signature de ce bibliophile.

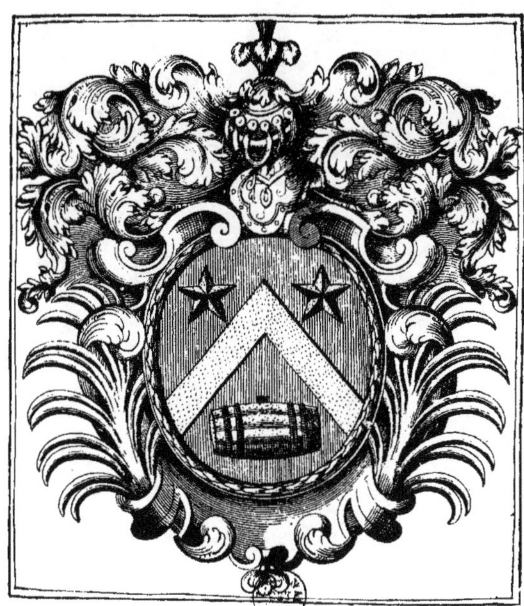

N° 4 du Catalogue.

15. **Denetz** (Nicolas), évêque d'Orléans, né à Tours en 1592, mort en 1646. Gravé sur bois.

Collé sur le *Petit catéchisme de Pierre Canisius. Munich, 1626*, in-12, rel. vel., fermoirs.

16. **Despont** (Philippe), prêtre de Paris. Gr. par *Ladame, 1682*, petit in-fol.

Jolie composition en forme de frontispice avec le portrait du titulaire.

**

17. **Dodart** (D.), médecin de Louis XIV.
Portrait joint.

18. **Du Pont**, sieur de Sainneville en Normandie.

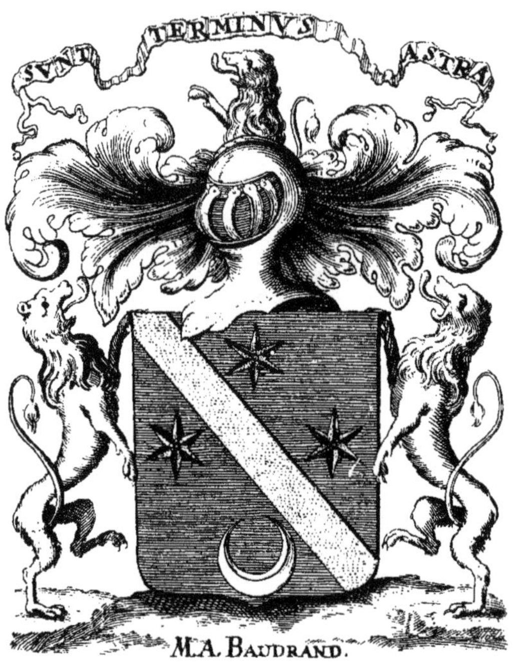

N° 11 du Catalogue.

19. **Du Puy du Fou**, en Bretagne. Gr. par *J. Picart;* petit in-fol.

20. **Falletans** (De), en Franche-Comté.
Voir reproduction page 58 du catalogue Mercier.

21. **Fornier**, gr. par *J. Picart.*

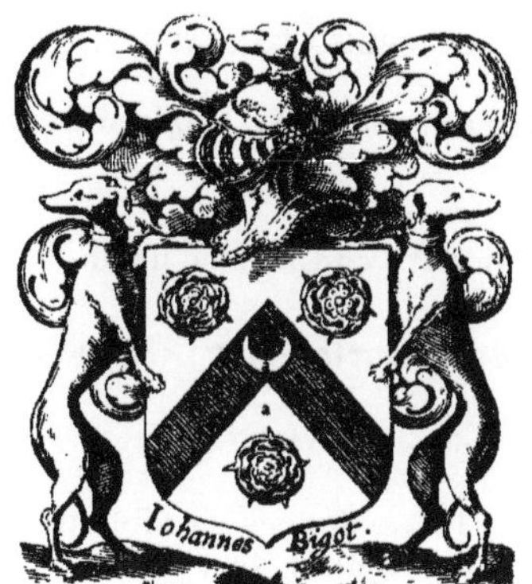

N° 12 du Catalogue.

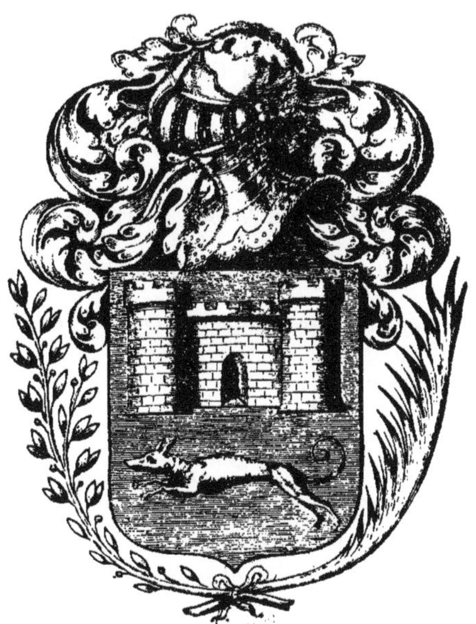

Hilaire de Jovyac.

N° 28 du Catalogue.

22. **Frizon de Blamont** (N.-R.-F.). Conseiller au Parlement, à Paris, 1694. In-8.

23. **Frizon de Blamont**, en Champagne, in-12.

24. [**Gasquet de Saint-Barthélemy**] (Michel), à Bordeaux, 1627.

Le haut de ce rare ex-libris a été refait

25. **Grenet** (Claude). Livres donnés à la bibliothèque paroissiale de Saint-Benoit à Paris, 1683. In-4.

26. [**Grossin**] **de Maneval** (Louis de.), Conseiller au Parlement de Normandie. Gr. par *C. M.*

27. **Hallé** (Barthélemy), prêtre à Rouen, archidiacre d'Ango, seigneur de Pittres et Berselou. Gr. par *M. P.*, in-4.

28. [**Hilaire de Jovyac**], en Vivarais. Ovale.

Voir reproduction page 9.

29. [**Lameth**] (De), (Picardie et Artois), écartelé de Bussy.

30. [**Le Jay**] (Nicolas), seigneur de Conflans près Paris. In-8.

31. [**Loynes**] (De), président à mortier. Gr. par *Jollain*, in-fol. en larg.

Paris. Bretagne. Orléanais.

32. [**Martin de Villeneuve**], Orléanais; in-4.

Le même ex-libris est dans la collection de M. Ed. Engelmann avec la mention manuscrite: *Ex-libris Guillelmi Detroyes Præsidis*, 1692. Or, dans Rietstap, les descriptions des armoiries de Martin de Villeneuve et celles de de Troyes présentent de grandes analogies.

33. **Paris**. Saint-Martin des Champs, ordre de Cluny. Imprimé avec un fer à dorer.

34. **Paris**. Bibliothèque de la Maison Royale de Sainte-Croix.

Voir reproduction page 17.

35. [**Richelieu**] (Cardinal de). Gravé par ***Firens***. In-fol.

36. **Roman de Rives**, (Dauphiné).
Belle épreuve à grandes marges.

37. [**Roore** (De), abbé de Saint-Martin de Tournai, 1646. In-4.

38. **Ruffier** (Claude), à Lyon. In-4.

39. **Tralage** (Jean Nicolas de), 100×130.

40. **Vigneral** (De), Conseiller au Parlement de Rouen.

XVIIIe SIÈCLE.

41. **Albertiny d'Ichtersheim** (François-César), Seigneur Bannière de Hochfelden, Cap. au Régiment d'Alsace, Chevalier de Saint-Louis.

42. **Anceau de la Velanet** (D'), en Languedoc; 2 états.
Epreuves jaunies.

43. [**Angosse**], en Béarn.

44. **Anonyme**. *Coupé: au 1 d'azur à la fleur de lis, surmontée d'une étoile et accostée de deux autres, le tout d'argent: au 2 d'argent à trois bandes de gueules et au chef du même. Au chef de l'écu d'argent, chargé d'une croix alésée de gueules.* Gravé par (*Stallin*).

45. **Anonyme**. *D'azur semé de trèfles d'argent, à l'écu d'argent brochant sur le tout.* Dessiné et gravé par *Striedbeck* à Strasbourg. In-4.

46. **Anonyme**. *D'argent au chevron de gueules, acc. de 3 molettes, au chef d'azur chargé d'un aigle éployé d'or.* Gr. par *J. Tubert*.

47. **Anonyme**. Armoiries écartelées avec écu sur le tout: *d'azur à une cloche d'argent sommée d'un coq, acc. de 3 étoiles*. Gr. sur bois.

48. **Anonyme**. *D'or au chevron d'azur acc. de deux roses tigées de gueules et d'une croix ancrée du même en pointe.*

49. **Anonyme**. *De gueules au lion d'or, au chef d'azur chargé de 3 étoiles d'argent.*

50. **Anonyme**. *Parti : au 1, coupé de gueules et d'argent à six croix trèflées au pied fiché de l'un en l'autre, au 2, de gueules au chef d'or.* Gr. par *B. I. Tasnière à Turin*, 1711. In-4.

51. **Anonyme**. *D'azur à trois trèfles d'or, au chef de gu. chargé de trois losanges d'argent et soutenu d'une divise du second.* In-4.

Il existe une variante de cet ex-libris plus petite et moins rare.

52. **Anonyme**. *Ecartelé aux 1 et 4, d'azur à deux fasces maçonnées d'argent, aux 2 et 3, de gu. à quatre otelles d'argent* (Comminges).

Deux pièces découpées et collées sur la reliure des *Œuvres choisies de M. Rousseau*, 1774, in-12.

53. **Anonymes** héraldiques. 12 pièces.

54. **Anonyme**. Initiales DD, signé *Dieu*.

55. **Anthoine des Brunes**.

Collé sur un ex. de *L'an deux mille quatre cent quarante. Rêve s'il en fût jamais* (par Sébastien Mercier). Londres. 1772. in-8, rel. v.

56. **Armes** (Comte d'), en Nivernais : gr. par *Thomassin*. In-12.

57. **Armes** (Comte d'), gr. par *Thomassin*. In-4.

58. **Armoiries et ex-libris** gravés sur bois et sur cuivre, 12 pièces.

Poncet de la Rivière. — Le Fèvre d'Ormesson. — Jubert du Thil. — Crevant d'Humières. — Grimaldi. — Mongin. Evêque de Bazas. — Etc.

59. **Artois et Boulonnois**. — (Ampleman), chevalier de La Cressonnière. — (Duc d'Aumont). — (De Boulogne de Préminville). — (L. Cayeux). — (De Créquy). — Dubois de Fosseux. — (Dixmude de Montbrun). — (De Hau de Staplande), gr. par *Merlot*. — **Laureau, libraire à Arras,**

étiquette. — M. A.-A.-T. Leducq. — L.-A. Le Roux, chanoine d'Arras, gravé par *Charlotte Nonot*. — Mareschal de Montéclain. Ens. 12 pièces.

60. **Astier** (Pierre-Antoine), chanoine régulier.

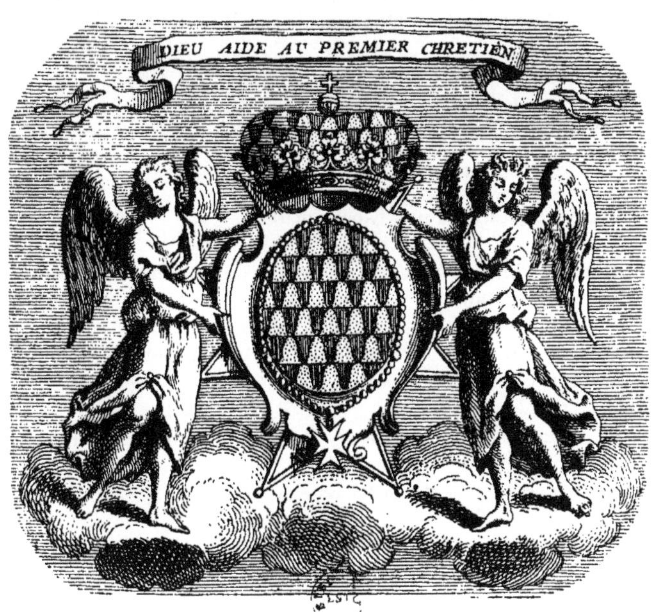

Duc de Bauffremont.

N° 65 du Catalogue.

61. **Auch** (Loge du Mystère à l'Orient d').

Belle petite pièce ronde. Allégorie maçonnique. Collée sur le *Recueil précieux de la maçonnerie adonhiramite*. 1782, in-12, rel. v.

Le titre et le faux-titre portent des ex-libris manuscrits en caractères maçonniques et sur le second plat se trouve une étiquette avec les lettres : *L. M. O. A.* entrelacées avec l'inscription manuscrite : *Hic liber est*.

62. **Auvergne**. — Artaud, gr. par *F. D(elarbre)*. — P.-C.-A. Belaigue de Bughas. — De Clary de Saint-Angel. — (La Tour d'Auvergne). — (Maugue d'Ennezat). — Murat. — Vimal La Jarrige d'Ambert, au pochoir. Ens. 7 pièces.

63. [**Barnier**], en Dauphiné. 2 variantes.

64. **Bastian** (Maître François). Procureur ez cours de Lyon, Capitaine Lieutenant du Quartier de (la) Ruë des trois Maries, 1740.

Voir reproduction page 19.

65. **Bauffremont** (Duc de).

Belle épreuve à toutes marges.
Voir reproduction page 13.

66. **Bavière** (Marie-Anne, Electrice de).

67. **Bertin** (Philippe-Valentin), seigneur du Rocheret, historien d'Epernay. 2 états.

68. **Bieswal** (Benoit), avocat en Parlement. Gr. par *Vacheron*, 1769. Deux états, l'un avant la date.

69. **Blouet de Camilly** (François), évêque de Toul. Gr. sur bois, par *P. I. S.* (?). 88 × 91.

Variante non citée par MM. de Mahuet et des Robert.

70. **Bourgogne**. — Gigot d'Orcy. — J.-Fr. Gillet, écuyer, 1778. — (Girardot de Préfond). — Jacob Godard. — Collège des Godrand à Dijon. — J.-Ph. Grumet, médecin. — Ch. Languet, sgr. de Sivry, gr. par *Fessard*. — Edmond Martin, avocat, gr. par *Stallin fils*. — (Pecquot) de Saint-Maurice. — Richard de Ruffey, gr. par *J.-B. Scotin*. — (Varenne) de Fenille, gr. par *Durand*. Ens. 11 pièces.

71. **Bourgogne**. — d'Assenoy. — Louis Aubret. — Le Président de Berbisey, fer à dorer. — Blondel, Conseiller au Parlement. — Cl.-Ed. de Bona. — B.-G.-E. Bouillet. — De Bour-

GEVIN. — CH. DE BROSSES, gr. par *Aveline*. — Autre, gr. par *Durand*. — Toussaint BULLIER, avocat. — B.-Ch. FÉVRET DE SAINT-MEMIN. — (FYOT), gr. par *Durand*. — PASQUIER DE MESSANGE, 1792. Ens. 13 pièces.

72. **Bretagne.** — DU PLESSIS DE WIGNEROD DE RICHELIEU, DUC D'AIGUILLON). — LOHIER. — DESLOGES. — BERTHELOT DE LA VILLEHEURNOIS. — Chevalier de KERSAINT. — A-M. LABOUCHÈRE. — Duc de ROHAN, archevêque de Reims. — SORBERIO. — (BLANCHARD DE LA BUHARAYE.) Ens. 9 pièces.

73. **Brissac** (Duc de), gr. par *George*.

Epreuve avec marges.

74. **Broc** (Comtesse de). (Anjou).

Légèrement rogné.

75. [**Brossard de Maisoncelles**. Normandie; gr. par *Brenet*, 1791, petit in-fol.

76. [**Cadoëne de Gabriac**. (Vivarais, Languedoc), gr. par *Joseph Lemaire* (à Arras).

Epreuve en bistre.

77. **Cambis d'Orsan** (Louis-Charles de). Gravé par *J. Michel* à Avignon en 1730.

78. **Camusat** (Louis), avocat à Besançon, 1708.

79. [**Canabelin**], en Bourgogne.

80. [**Caylus**] (Ch.-D. Gabriel de Pestels de Lévis de Tubières de), évêque d'Auxerre, un des opposants à la bulle *Unigenitus*. In 4

Voir reproduction page 5.

81. **C. F.** Initiales dans un charmant encadrement Louis XVI. Gravé par *A. Cardon*, 1772.

82. **Chambon**, en Provence.

83. **Champagne**. — (Bachelier de Monteil). — Barbier, libraire à Reims, étiquette. — De Brienne, gr. par *C.-N. Varin*. — (De Chièze), gr. sur bois. — De Corbie, gr. par (*C.-N. Varin*). — Desbarres. — Deu, gr. par *Varin*. — Péchin, Lieutenant au présidial de Langres, étiquette. — Richelet, à Dormans. — Rogier de Monclin. Ens. 10 pièces.

84. **Charezieu** (René de), Lyonnais, 1733. Gr. in-8.

85. **Charrier**, accolé de Richeri.

Jolie pièce lyonnaise.

86. [**Chavagnac**] (Comte de). Variante dite « au combat naval ».

Voir reproduction page 17.

87. **Chavagnac** (Comte de).

Variante rare en forme de carte de visite.

88. **Clouet** (Louis), docteur en médecine de la Faculté de Montpellier, agrégé au Collège royal des médecins de Nancy ; gr. par *Jouvaux* (de Metz).

89. **Compagnolt**, en Champagne.

90. [**Contades**] (Le Maréchal de), gr. par *Striedbeck* à Strasbourg. In-4.

Maison originaire de Narbonne, fixée en Anjou et au Perche.

91. **Cossé** (Le Chr de).

92. [**Crémaux**] (Marquis de), baron de Chazey (Ain). Gravé sur bois, in-8.

93. **Créquy-Canaples** (Dame de Berghes de Saint-Winoc, vicomtesse de).

Armoiries accolées et entourées d'un cordon de veuve.

94. **Crochart** (Le Chevalier de).

95. [**Damas**]. La Comtesse d'Anlezy, (née Le Veneur de Tillières).

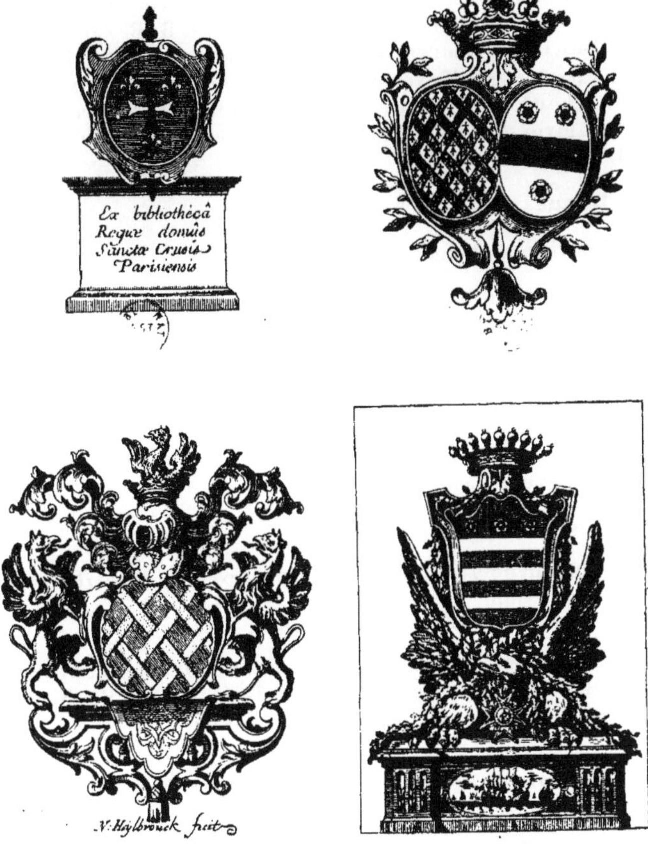

a. Maison Royale de Sainte-Croix à Paris (n° 34). — *b*. Marquise de Turgot (n° 265). — *c*. De Monchau (n° 176). — *d*. De Chavagnac (n° 86).

96. [**Dan·é**] **d'Armancy**, en Soissonnais; 2 états.

97 **Dauphiné**. — A.-S., Comte d'ALBON, Maréchal de Camp, 1814. — M.-J. BALLY. — J.-J. CINIER. — J.-B.-R. CORRAUD. — DE LA CR[OIX]-CHEVRIÈRES. — Cardinal MAURY. — DE MONTS-SAVASSE. — DE MONTEYNARD. — (Le Président DE PONNAT). — (THOMÉ). — Abbaye de SAINT-ANTOINE DE VIENNOIS. — DE TRIVIO. — (DE VACHER), état à la vache d'argent. Ens. 13 pièces.

98. **Delaunay** (Nic.-Ch.).

99. **Desvignes** (Antoine), lyonnais.

100. **Droz** (Franche-Comté et Neuchâtel). Gravé sur bois.

101. **Dubin**, gr. par *Moreau le jeune*.
Epreuve en sanguine, la signature grattée.

102. [**Du Chastelet** (Duc du), gr. par *F. Aveline*, d'après *A. Humbelot*.

103. **Dudevant** (Louis-Hyacinthe).

104. [**Du Moncel de Lourailles**].

105. **Dumont de Valdajou**, chirurgien breveté du Roy. *R. Brichet inv. sculp.*
Joli ex-libris collé sur un ex. de *l'Onanisme* de Tissot, 1763.

106. **Du Perron**, Chevalier Gentilhomme ordinaire de S. A. R. Madame, Duchesse Douairière de Lorraine et de Bar, Souveraine de Commercy. Gr. par *Collin* à Nancy. 1756.
Voir reproduction page 19.

107. [**Duplantier**], préfet du Nord, 1er Empire. Epreuve avant lettre.

108. [**Du Pré de Saint-Maur**], gr. par (*Scotin*).

109. [**Faucompret de Thulus**]. (Bourbonnais et Flandre). In-8.
Epreuve à toutes marges.

110. [**Faverot de Doussay**], en Poitou. In-4.

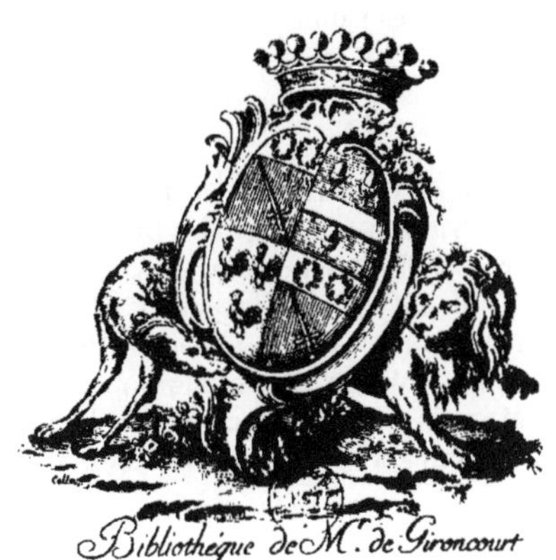

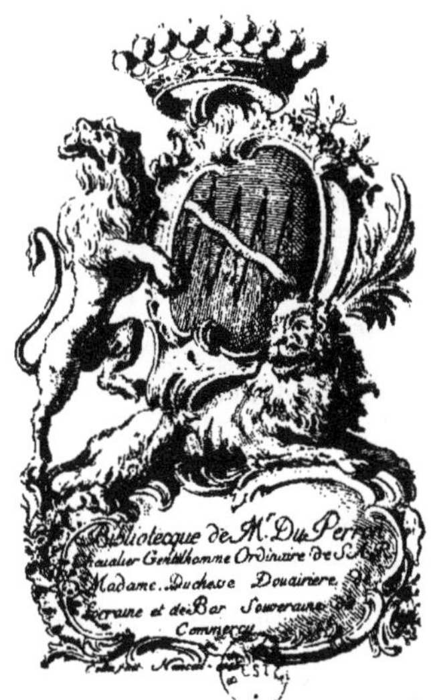

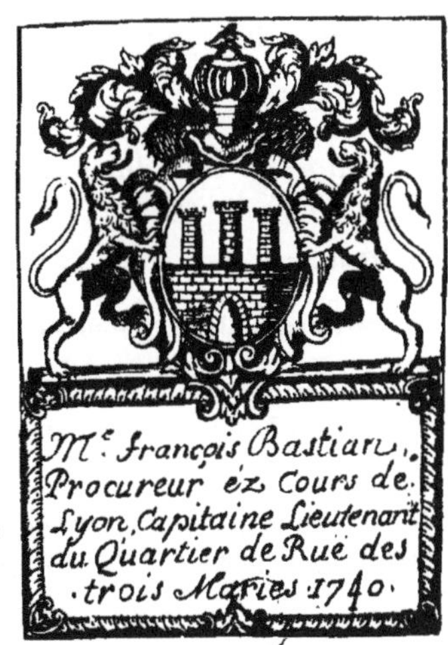

Nos 185, 186 et 64 du Catalogue.

111. **Ferrar** (P.-J. de). Des Comtes de Ferrari en Milanais. Gr. par *J. Tubert.*

112. **Folard** (Le Chevalier de). In-4.

113. **Franche-Comté**.— D'ANTHOINE. — Emmanuel BARBEROT D'AUTEL, gr. par *Guillot à Dijon.* — (BRIOT DE L'ISLE). — C.-J.-L. BRUSSET. — J.-B.-A. BRUSSET. — Ant.-Ign. DE CAMUS DE FILAIN, gr. par *Bouchy. à Besançon,* 1732. — Cl.-Ant.-L. Marquis DE CHAMPAGNE. — CHEVALIER DE POLIGNY. — (LE BAS DE CLÉVANS). — (MAIRE DE BOULIGNEY). — (MARESCHAL DE VEZET). — (MASSON D'ANTUME, chevalier de Saint-Louis). — (POURROY DE QUINSONNAS). — Louis REGNAULT, prêtre. Ens. 14 pièces.

114. **Frizon de Blamont** (Nicolas-Rémy), président au Parlement. A Paris, le 14 aoust 1704. Gr. par *J. Le Roux*, in-4.

115. **Frou** (Pierre du), écuyer, Sr du Cassel (en Normandie).

116. **Gérardin**.

117. [**Gillet de Grandmont**], en Bourgogne.
Armoiries écartelées au 2 de Richard de Ruffey.

118. **Gourgas** (Jean-Louis), gr. par *P. L.*

119. **Gravina** (Monsir Domenico). *Garofalo scalp.*

120. [**Gros**] **de Boze** (Claude), célèbre antiquaire et numismate né à Lyon en 1680, membre de l'Académie française.
Epreuve habilement réparée.

121. **Grouchy**. Anonyme héraldique, écu écartelé aux 2 et 3 de Grouchy (Normandie). Devise : *Spes mea sola Deus.*

122. **Guerry** (C.-T.-F., Chevalier de), gr. par *Ollivault à Rennes.*

123. [**Guillaume de] Chavaudon de Ste-Maure.**
Variante rare.

124. [**Guyot**, sieur de Chesne].

125. **Héré**, célèbre architecte nancéen, gr. par *D. Colin*, 1752.

126. **Herluison** (Ch.), prêtre.

127. **Herwyn** (Winnoc), en Flandre. Dessin à la plume ombré à l'encre de Chine. In-4.

128. **Hespel de Flencques** (D'), en Ponthieu ; 2 états, l'un avant les croix.

129. **Hezelin**, ancien Capitaine d'Infanterie. Deux pièces en forme de carte de visite.

130. **Hue de la Roque** (Jean), archevêque de Rouen et primat de Normandie, gr. par *J. D. Beleau* à Rouen, 1724.

131. [**Huet d'Ambrun**] (Dame). Armoiries accolées et entourées du cordon de veuve.

Famille orléanaise.

132. [**Joly de Fleury**]. Dessiné par *Desmaretz*, gravé par J. *Audran*. In-8 oblong.

Cité dans le catalogue de M. Léon Quantin.

133. **Jourdan**, confrère.

Belle épreuve à toutes marges.

134. [**Juigné**] (Marquis de). Gr. par *Tubert*. In-4.

135. [**La Chapelle de Jumilhac**], en Périgord.

Jolie pièce ovale tirée à toutes marges.

136. **La Cour d'Amonville** (Michel de), Ecuyer, Avocat en Parlement, etc., né à Boine en Gastinois le 30 juillet 1690. Gr. par *Pinssio*. In-8.

Ce bibliophile faisait relier son portrait dans ses livres comme marque de propriété.
On connaît un autre collectionneur qui usait du même procédé, c'est le Baron Froment de Castille auquel M. Prosper Falgairolle a consacré une intéressante notice dans les *Archives*.

137. **La Cour d'Amonville** (Michel de). Autre portrait-ex-libris, gr. par *Ficquet*, d'après *Le Mire*.

Celui-ci est relié en tête de la *Science hiéroglyphique ou explication des figures symboliques des Anciens, avec différentes devises historiques*. La Haye, Jean Swart, *1746, in-4, nombr. planches, rel. veau.*

Ce volume porte un autre ex-libris, celui de J. Asseline, conseiller à la Cour du Parlement de Paris.

138. **Lagnasc** (C.-R. Comte de), gravé sur bois.

Collé sur un ex. des *Considérations sur les mœurs de ce siècle*, (par M. du Clos), 1751.

Signature autographe sur le titre.

139. **Lagoille de Courtagnon** (Louis), de Reims.

140. **Lamarre** (Raymond), médecin ; gr. par *Jonveaux* (de Metz).

141. **Languedoc.** — Ch. de Bachis, Marquis d'Aubais — Fr.-Tr. de Cambon, Evêque de Mirepoix, gr. par *Mercadier*. — P.-L. de Carbon, gr. par *L.-F. Baour*. — Président de Cayrol de Madaillan. — (De Crussol d'Uzès). — Maréchal duc de Lévis, rogné. — A.-G. Vichet, in-24. Ens. 7 pièces.

142. [**Lantin de Montagny**], en Bourgogne. Ovale.

143. **La Poix de Fréminville** (De).

Belle épreuve du 1er état.

144. **La Porte de la Meilleraye**. *Parti, au 1, d'argent à 3 roses, au 2, de gueules au croissant d'hermines* (de la Porte de la Meilleraye). Gravé sur bois.

145. **La Roche** (De).

146. [**La Roche-Macé**], Forez.

147. **Lebelin** (Claude), Bourgogne.

148. [**Le Conte de Nonant**], marquis de Raray en Normandie.

Epreuve rare non coupée.

149. [**Ledesmé**] **de St.-Elix** (Le Baron).

150. [**Le Féron de Longcamp**], en Normandie.

151. **Legendre**. Série de 11 ex-libris anonymes héraldiques et vignettes gravés par dame *F. Legendre, née A. Poligny.*
Un seul a pu être identifié, celui de VANEUVE.

152. **Légier** (Joseph), protonotaire.

153. [**Le Royer d'Artez**] **et de la Sauvagère** (Félix), ingénieur militaire, chevalier de Saint-Louis, né à Strasbourg en 1707.
Touraine et Bretagne.

154. **Le Vaillant**. Armoiries écartelées *de Cordes* (Flandre).
Restauration dans un angle.

155. **Lewenhaupt-Falckenstein** (Adam, Comte), gravé par *Striedbeck à Strasbourg*. In-8.

156. **Lille** (Corporation des Orfèvres de), gr. par (*Derond*).
Composition rappelant celle de l'ex-libris de Raparlier.

157. [**Lincel**], en Provence, gr. par *Brupacher*.
Curieuse composition, emblèmes maçonniques.

158. **L. L.** Initiales entrelacées dans un joli cartouche rocaille. Signé : *P.-J. Lorthioir fecit 1752.*

159. **Loir** (François-Nicolas-Louis), écuyer.

160. **Lorraine.** — (DE CORBERON), 2 formats. — DU PONT DE ROMÉMONT. — N. FRANÇOIS DE NEUFCHATEAU. — Robert JEHANNOT DE BEAUMONT. — (DE LA FAUSSE). — (DE L'ISLE). — DE LALLEMANT DE LIOCOURT, gr. par *D. M.*, 1775. — DE MORY D'ELVANGE. — ODILE. — J.-B. RIVIÈRE, gr. par *Messager.* — VILLEZ), gr. par *Villez*, 1770. Ens. 12 pièces

161. **Lyonnais.** — P. ADAMOLI, 1733. — Cl. DE BOZE. — Mrs les COMTES DE LYON. — Chevalier de FLEURIEU, 2 variantes. — GAULTIER DE MONTGEROULT. — G.-Ph. PEYSSON DE BACOT. — SAUZEY, avocat. Ens. 8 pièces.

162. [**Maloisel**], en Normandie.

163. **Mariette** (C.-G.) Conер Correctr reçu le 24 Mai 1751.

164. **Marin** (L'Avocat).

Curieuse pièce en forme de carte de visite.

165. [**Marmet de Valcroissant**].

Epreuve avec la mention manuscrite : *Olim D. De Vaumale Apten.. nunc De Veras Canonici Aven. 1749.*

166. **Masson d'Autume** (Ferdinand-Joseph).

Voir reprod. dans le catal. Mercier, page 96..

167. **Maurecourt** (Marquis de). Capitaine au Rég. de Clermont.

Epreuve en bistre.

168. **Maussabré** (De) en Touraine.

Un coin réparé.

169. **Médecins.**— J.-N. ARRACHART. — H.-Th. BARON.— Michel BRISSEAU. — COCHON-DUPUY. — COCHON, médecin à Mâcon. — J.-M.-A. CORRÉARD. — DESMERY. — DUVAL. — DE LAMOTHE, à Bordeaux. — Diethelm LAVATER, gr. par *Schallenberg*. — A.-A. NORMANDEAU, à Avignon. — Henri PETIT, de Soissons. — H.-G. REGA, à Douai. Ens. 13 pièces.

170. [**Meyer**], gr. par *Halm*, d'après *Wille le fils*, 1766.

Superbe épreuve à toutes marges.
Voir reproduction page 25.

171. **Militaire**. Bibliothèque de la 21me demi-brigade légère. Epoque de la Révolution.

Voir reproduction sur le titre du catalogue.

172. **Militaires**. — (BRUN DE FAVRAS). — De FABRY D'AUGÉ. — JOURNIAC. — LE TELLIER DE COURTANVAUX. — (DE MEFFRAY). — DE MERLET. — Anonyme. Ens. 7 pièces

173. **Militaires**. 27 étiquettes typogr.

174. **Millon** (François). Procureur au bureau des finances de Paris.

175. **Mogniat de Conflans** (César), à Lyon.

176. [**Moncheau**] (Fr. de), fils de Pierre, maître de la Chambre des Comptes de Lille. Gr. par *N. Heylbrouck*.

Famille originaire d'Artois.
Voir reproduction page 17.

177. Normandie. — Jacques ASSELIN, prêtre. — (AUVRAY DE MACHONVILLE). — BULTEAU DE PRÉVILLE. — CHAPAIS, avocat général. — Louis CHEF D'HOSTEL, gr. par *Gouël.* — COSTARD DE BURSARD, 1774. — Abbé DUQUESNOY. — B.-H. DE FOURCY.

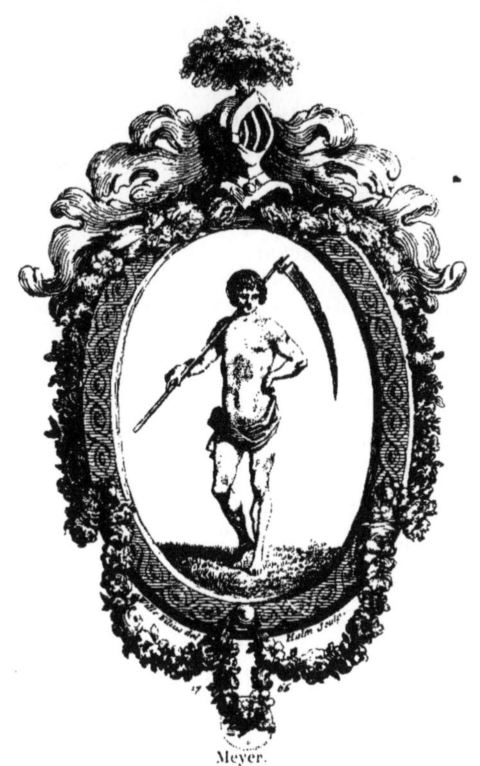

Meyer.

No 170 du Catalogue.

— Jacques GAILLARD, chanoine de Rouen, gr. par *Jacques.* — Marquise DE HÉRICY DE VAUSSIEUX, née BAZIN DE BEZONS. — (HUE DE MIROMESNIL). — LE BOUCHER DE RICHEMONT. — LE BOURG. — LE PLANQUOIS. — DE LYVET D'ARANTOT. — L.-E.

Midy, gr. par *Gouël.*— Le Président de Motteville. — (Mouchard). — Comte de Sérans. Ens. 19 pièces.

178. **Phélypeaux** (Louis), Marquis de la Vrillière (1672-1725).
Epreuve a toutes marges, on y a joint une armoirie d'un prélat de la même famille.

179. **Pinsot d'Armand**, gravé par *P.-P. Choffard*, 1798.
Belle épreuve à toutes marges.
Voir reproduction page 28.

180. **Pontusson de la Gardie** (Jacob).

181. [**Preudhomme d'Ailly**] (C.-F. de), vicomte de Nieuport, 1766. Gr. par *F. Heylbrouck.*
Epreuve tirée en vert.

182. **Provence.** — (De Cabre). — (De Folard). — (De Gastaud). — (De Jarente). — Séminaire d'Aix. — Lejourdan fils, 1785. — Michel de Léon. — (De Villeneuve-Vence), gr. par *D. V.* Ens. 8 pièces.

183. **Puységur** (Vicomte de). Gravé par *J. Le Roy*, ovale.
Rare épreuve avant lettre. Le nom du titulaire, sur la tablette, est autographe.

184. **Raparlier,** à Lille, gr. par *Derond.*
Epreuve restaurée.

185. [**Regnard**] **de Gironcourt,** gr. par *Collin.*
Etat non cité, avant la deuxième ligne de texte au bas.
Voir reproduction page 19.

186. **Ribier** (César), en Ile-de-France.
Ex-libris d'un prieur.

187. **Richelieu** (Louis-François-Armand du Plessis, duc de), maréchal de France. Gr. par *Stagnon*, in-4.

188. **Roche** (A.-H. de), vicaire général de l'église cathédrale d'Uzès.

189. **Roguin née Bouquet.** En forme de carte de visite, armoiries accolées au bas.

190. **Roussel** (Pierre), chapelain de N.-D. de Reims.

191. [**Russan**], Comtat-Venaissin. Gr. par *Faure*, d'après *Bes.*

192. [**Savoie** (Duc de), gr. par *Denis*, petit in-4.

193. [**Silvestre de Sacy**].
Epreuve avant lettre.

194. **Simon** (J.-P.), 1769.

195. **Surbeck** (De), aide major aux Gardes Suisses.

196. **Thieslin de Lorière** (De), (Normandie et Maine).

197. **Thoissey** (Bibliothèque du collège royal des Dombes à).
Jolie pièce in-8 oblongue, collée sur le feuillet de garde d'un livre donné comme prix.
Le vol. porte un certificat et le cachet en cire aux armes du même collège.

198. [**Tornaco**] (De), en Luxembourg. Gr. par *Paul Maassen à Aix*. In-4.

199. **Touraine**. — BAUDELOT DE ROUVRAY, gravé par *Corlet*. — Claude, comte de BOIZÉ, gr. par *L. Legrand*. — DE BOUGAINVILLE. — (DE BOUTHILLIER DE RANCÉ). — BROSSIN DE MÉRÉ, accolé du REFFUGE). — L. de CHAUMEJAN, Marquis de FOURILLE. — (HAINCQUE de SAINT-SENOCH), gravé par *Coquardon*. — MÉNARD de la MÉNARDIÈRE. — PAPION de Tours. — (VIMEUR), seigneur de ROCHAMBEAU. — VOYER d'ARGENSON. Ens. 11 pièces.

200. **Tours** (Claude Antoine de), gr. par *Mandonnet*.
Famille du Forez.

201. **Tours** (Claude Antoine de), gr. par *Montagny*.

202. **Triqueti** (Henri, baron de), sculpteur, né à Conflans (Loiret) en 1802.
Le nom a été gratté. On a joint le dessin original de cet ex-libris et deux autres projets d'ex-libris.

203. [**Trudaine de Montigny**], gr. par *Berthault* d'après *Le Sage*.

204. **Turenne** (La Princesse de), née Princesse de Lorraine.

205. [**Turgot**] (Marquise de). Ecus accolés.

Voir reproduction page 17.

206. **Vandermeulen** (J.-D.), curé de St.-Martin à Bergues St.-W(inoch). Gr. par *J.-B. C(arpentier)*.

207. **Van Ypersele** (Philippe), avocat au Parlement de Flandre. Gr. par *J. Bert.*

Epreuve en bistre.

208. **Vienne** (J.-T.-E. de), chanoine de l'Eglise de Paris, Conseiller de Grand Chambre, Président de la Chambre souveraine du Clergé, Abbé Commendataire de Bonne-Fontaine (Ardennes). *Roy Sculpsit.*

209. **Vintimille** (La Vicomtesse de), née de La Live de Jully.

210. **Wild** (Bernard), médecin.

Deux taches d'encre.

211. **Ycard** (D'), prêtre (Languedoc).

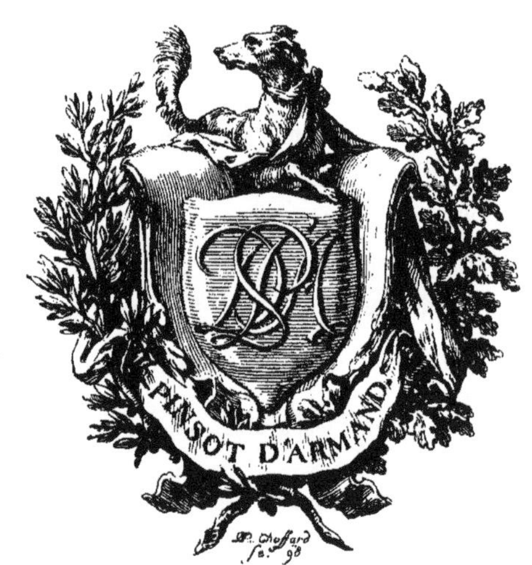

N° 179 du Catalogue.

www.ingramcontent.com/pod-product-compliance
Ingram Content Group UK Ltd.
Pitfield, Milton Keynes, MK11 3LW, UK
UKHW020524180726
13839UKWH00005B/2300

9 782329 512617